Chef Giovanni Locati

Cozinha italiana: nível básico

Título: Cozinha Italiana: nível básico
Autor: Giovanni Locati

© Todos os direitos reservados ao Autor.

Nenhuma parte deste livro pode ser reproduzida sem o consentimento prévio do Autor.

ÍNDICE
Página 5 - INTRODUÇÃO
página 7 - PASTA DISHES
Página 9 - Abobrinha e bacon Tortiglioni
Pag.11 - Risoto com cogumelos porcini
Página 13 - Trofie com molho pesto
Página 15 - Lasanha
Página 17 - Rigatoni alla gricia
Pag.19 - Paccheri ricotta e tomate seco ao sol
Pag.21 - Esparguete com sardinhas
Pag.23 - Gnudi
Página 25 - Penne al baffo
Página 27 - Gnocchi alla sorrentina
Página 29 - Pasta alla Carcerata
Pag.31 - Farfalle com grão-de-bico e funcho
Pag.33 - Esparguete com gorgonzola e nozes
Página 35 - Brócolis de paccheri e salsicha
Pag.37 - Linguine allo scoglio
Página 39 - Estilo Bucatini carbonara
Pag.41 - PEIXES DE CARNE
Pag.43 - Salsicha Wusterl e batatas
Página 45 - Cordeiro em molho Barolo
Página 47 - Tagliata com aparas parmesão
Página 49 - Filete com pimenta verde
Pag.51- Meatloaf
Pag.53 - Garoto com vinho branco
Pag.55 - Sela de corço e couve-lombarda
Página 57 - Escalopes da Turquia
Página 59 - Caçarola de frango
Pag.61 - Frango com cerveja e bacon
Página 63 - Torta de frango e batata
Pag.65 - Cordeiro "alla scottadito

Página 67 - PEIXES
Página 69 - Robalo assado
Página 71 - Sopa de peixe
Página 73 - Sopa de mexilhão
Página 75 - Anchovas gratinado
Página 77 - Fritos de peixe
Página 79 - Salada de polvo e batata
Página 81 - Filete de robalo com limão
Página 83 - Polvo bebê e grão-de-bico
Página 85 - SWEETS
Página 87 - Coito de morango panna
Página 89 - Tiramisu
Página 91 - Bolo da vovó
Página 93 - Beijos de senhora
Página 95 - bolo de sbrisolona
Página 97- Biancomangiare
Página 99 - Torta de maçã
Página 101 - Maritozzo com creme

INTRODUÇÃO

Neste livro apresento uma coleção de receitas muito simples, úteis para dar os primeiros passos na cozinha italiana, para conhecer os ingredientes, para se familiarizar com as técnicas de cozimento.

Aprender a cozinhar um bom prato de massa ou um filete de peixe pode ser simples, mas você precisa seguir os passos certos para obter os melhores resultados em termos de sabor e textura.

Quando você tiver adquirido alguma familiaridade, você poderá acessar as receitas de nível intermediário e depois as receitas de nível difícil.

PRATOS DE MASSAS

Tortiglioni abobrinha e bacon

Preparação: 25 minutos
Dificuldade: fácil

Ingredientes para 4 pessoas:

- ❖ 400g de tortiglioni
- ❖ 30g de manteiga
- ❖ 1 cebola
- ❖ 2 zucchinis
- ❖ 50g de bacon
- ❖ Queijo parmesão ralado

Procedimento

1. Despeje a manteiga na panela e deixe derreter, depois coloque a cebola picada para saltear.

2. Corte as abobrinhas em rodelas e coloque-as na frigideira em fogo baixo.

3. Encha um vaso com água e coloque-o no fogão. Quando ferver, despeje o tortiglioni.

4. Corte o bacon em cubos e coloque-o na frigideira com a abobrinha.

5. Quando os tortiglioni estiverem quase cozidos, despeje-os na panela com as abobrinhas e acrescente uma concha de água de cozimento da massa.

6. Deixe por 5 minutos. Desligue o fogo, polvilhe com queijo parmesão e sirva.

Risoto com cogumelos porcini

Preparação: 40 minutos
Dificuldade: fácil-médio

Ingredientes para 4 pessoas:

- ❖ 400g de arroz Carnaroli
- ❖ 150g de manteiga
- ❖ 300g de cogumelos porcini
- ❖ 1 cebola
- ❖ 1 copo de vinho branco
- ❖ 1 aipo
- ❖ 1 cenoura
- ❖ 1 cebola
- ❖ Queijo parmesão ralado

Procedimento

1. Colocar a cebola, a cenoura e o aipo em uma panela de água e fervê-la para fazer caldo de legumes.
2. Coloque metade da manteiga em uma pequena panela e derreta-a.
3. Adicionar o arroz e brindá-lo por 3 minutos.
4. Colocar nos porcini após lavá-los completamente. Adicione o vinho e espere até que ele se tenha evaporado.
5. Despeje o caldo de legumes pouco a pouco, continuando a mexer. O caldo deve estar sempre fervendo para evitar a desaceleração do processo de cozimento.
6. Quando o arroz estiver cozido (15-17minutos), desligue o fogo. Adicione a manteiga restante e o queijo parmesão e deixe engrossar.

Trofie com pesto

Preparação: 20 minutos
Dificuldade: fácil

Ingredientes para 4 pessoas:

- 400g de trofie
- 50g de pinhões
- 200g de manjericão
- 50g de feijão verde
- 50g de batatas
- 70g de queijo pecorino ralado
- 70g de queijo parmesão ralado
- 1 dente de alho
- Pimenta

Procedimento

Para o pesto:

1. Colocar o alho, sal e pimenta em um almofariz e martelá-los.

2. Acrescente as folhas de manjericão e continue batendo, adicionando um gole de óleo à medida que você vai.

3. Adicione os pinhões e bata neles, continuando a adicionar um pouco de óleo.

4. Acabar com o queijo ralado.

Para a massa:

5. Em uma panela de água fervente e salgada, despeje o feijão verde e as batatas descascadas. Quando estiverem cozidos (20 minutos), despeje-os em uma terrina e guarde a água de cozimento.

6. Na água em que você cozinhou os legumes, despeje o trofie. Cozinhe-os por 3 minutos.

7. Drenar a massa na terrina da sopa com as batatas e o feijão verde. Coloque o pesto e misture bem, adicionando pimenta e parmesão a gosto.

Lasanha

Preparação: 160 minutos
Dificuldade: fácil-médio

Ingredientes para 4 pessoas:

- 10 folhas de massa de lasanha
- 200g de molho de tomate
- 300g de carne picada
- 1 cebola
- 1 cenoura
- 100g de bacon
- 1 aipo
- 50g de manteiga
- 1 litro de leite
- 50g de farinha 00
- Nutmeg
- pimenta

Procedimento

1. Coloque a cebola, a cenoura e o aipo em uma panela com água fervente e faça caldo de legumes.
2. Corte o bacon em cubos. Despeje-o em uma frigideira com um pouco de óleo.
3. Adicione a cenoura picada, o aipo e a cebola.
4. Acrescente a carne e aumente o calor.
5. Após 10 minutos, acrescente o molho de tomate. Cozinhar por cerca de 2 horas, acrescentando o estoque de vegetais de vez em quando e mexendo.
6. Coloque o leite em uma panela e ligue o fogo. Em uma panela coloque a manteiga, derreta-a e adicione a farinha.
7. Despeje o leite na panela e misture bem, adicionando a noz moscada. O molho bechamel está pronto.
8. Pegue uma assadeira e espalhe-a com manteiga. Adicione uma camada de molho de carne e uma camada de molho bechamel, e coloque a primeira folha de massa por cima.
9. Rale um pouco de queijo parmesão por cima e adicione outra folha de massa.
10. Vá em frente e acrescente uma camada de molho de carne e uma camada de molho bechamel. Faça quantas camadas você desejar (eu faço 6)
11. Colocar no forno a 200 graus. Asse por 30 minutos e sirva quente.

Rigatoni alla Gricia

Preparação: 20 minutos
Dificuldade: fácil

Ingredientes para 4 pessoas:

- ❖ 400g de rigatoni
- ❖ 200g de bacon
- ❖ 100g de queijo pecorino ralado
- ❖ Pimenta

Procedimento

1. Cortar o bacon em cubos. Colocá-lo em uma frigideira sem óleo ou manteiga.

2. Cozinhe-o por 10 minutos. A gordura do bacon deve derreter mas não queimar.

3. Leve um pote de água salgada para ferver e despeje no rigatoni.

4. Quando estiverem cozidos, despeje-os na panela com o bacon e uma concha de água de cozimento.

5. Sirva-os com bastante queijo pecorino ralado e um moinho de pimenta.

Paccheri com ricotta e tomate seco ao sol

Preparação: 30 minutos
Dificuldade: fácil

Ingredientes para 4 pessoas:

- ❖ 400g de paccheri
- ❖ 200g de molho de tomate
- ❖ 100g de ricotta
- ❖ 1 cebola
- ❖ 50g de tomate seco
- ❖ 50g de amêndoas
- ❖ Pimenta

Procedimento

1. Ferver um pote de água com sal. Despeje os paccheri e verifique se estão cozidos (demoram cerca de 20 minutos para cozinhar).

2. Cortar a cebola e dourá-la em uma frigideira com bastante óleo.

3. Corte os tomates secos ao sol em tiras e coloque-os na frigideira. Depois de 2 minutos, adicionar a ricota e a pimenta.

4. Adicione o molho de tomate e deixe em fogo brando por 15 minutos.

5. Quando a massa estiver cozida, escorra-la na panela com o molho e deixá-la escorrer por mais 5 minutos.

6. Adicione amêndoas picadas e um pouco de pimenta, depois sirva à mesa.

Spaghetti com anchovas

Preparação: 30 minutos
Dificuldade: fácil

Ingredientes para 4 pessoas:

- ❖ 400g de spaghetti
- ❖ 1 cebola
- ❖ Alcaparras de 10g
- ❖ 50g de azeitonas pretas
- ❖ 4 filetes de anchovas
- ❖ 1 colher de sopa de chilli
- ❖ Salsa

Procedimento

1. Cortar a cebola e colocá-la em uma frigideira com bastante óleo para dourá-la. Adicione a pimenta malagueta.
2. Despeje as anchovas dentro da panela. Cozinhe-os e quebre-os com uma colher de madeira.
3. Cortar as azeitonas e as alcaparras e despejá-las na panela. Mexer bem.
4. Em uma panela de água fervente com sal, cozinhe o espaguete.
5. Esvazie-os na panela junto com um copo de água de cozimento. Misture bem.
6. Polvilhar com salsa e servir.

Gnudi

Preparação: 40 minutos
Dificuldade: fácil

Ingredientes para 4 pessoas:

- ❖ 400g de ricotta
- ❖ 400g de espinafre
- ❖ 8 ovos
- ❖ 80g de migalhas de pão
- ❖ 40g de farinha 00
- ❖ 100g de manteiga
- ❖ Queijo parmesão ralado

Procedimento

1. Limpar o espinafre. Cozinhe-os por 5 minutos e remova o excesso de líquido.

2. Cortar o espinafre finamente depois de resfriado.

3. Coloque-os numa tigela junto com as gemas dos 8 ovos, o pão ralado, o queijo ricotta, a farinha e o queijo parmesão.

4. Misture até que a mistura seja espessa. Faça bolas a partir desta mistura. A dose ideal é de 10 por pessoa.

5. Em uma frigideira, derreta a manteiga.

6. Cozinhar o gnudi durante 2 minutos em água fervente salgada. Em seguida, escorra-os na panela e atira-os adicionando queijo parmesão ralado.

Penne al Baffo

Preparação: 15 minutos
Dificuldade: fácil

Ingredientes para 4 pessoas:

- ❖ 400g de penne rigate
- ❖ 1 litro de creme
- ❖ 200g de presunto cozido
- ❖ 50g de molho de tomate
- ❖ Salsa
- ❖ pimenta

Procedimento

1. Pique o presunto cozido em pedaços pequenos e despeje-o em uma panela com bastante óleo. Cozinhe-o por 5 minutos.

2. Despeje o creme e o tomate. Deixe o molho engrossar por 15 minutos, mexendo constantemente.

3. Em uma panela com bastante água salgada, despeje o penne. Coloque uma concha com a água de cozimento dentro da panela.

4. Esvaziar a massa na frigideira e cozinhar por 5 minutos em fogo brando.

5. Sirva, polvilhe a salsa e a pimenta em cima e sirva.

Gnocchi alla sorrentina

Preparação: 60 minutos
Dificuldade: fácil-médio

Ingredientes para 4 pessoas:

- 1 kg de batatas
- 2 ovos
- 200g de mozzarella
- 100g de farinha 00
- 40g de sêmola
- 1 dente de alho
- 400g de purê de tomate
- 8 folhas de manjericão
- 100g de mozzarella
- Queijo parmesão ralado

Procedimento

1. Colocar as batatas em cima de uma assadeira e assá-las por cerca de 30 minutos.

2. Em uma frigideira coloque o dente de alho, o molho de tomate e o manjericão. Cozinhar por 15 minutos.

3. Peneire a farinha em uma tábua de corte. Esmague as batatas nele.

4. Enquanto as batatas ainda estão quentes, quebre os ovos e derrame as gemas. Misture bem a mistura. Cobrir com um pano.

5. Em uma panela, água fervida com sal. Pegue um pedaço de massa para criar o gnocchi, polvilhando um pouco de sêmola em cima.

6. Despeje o molho em um prato de forno. Mergulhe os nhoques em água fervente por 1 minuto, escorra-os e coloque-os no prato junto com o molho. Misture-os adicionando uma gota de óleo.

7. Colocar o queijo mozzarella em cubos e o queijo parmesão em cima. Cozer a 190 graus e assar por 20 minutos.

Tortiglioni alla Carcerata

Preparação: 20 minutos
Dificuldade: fácil

Ingredientes para 4 pessoas:

- ❖ 400g de tortiglioni
- ❖ 200g de salsicha
- ❖ 100 ml de creme
- ❖ 1 cebola
- ❖ 200g de purê de tomate
- ❖ 1 copo de conhaque
- ❖ Uma colher de sopa de chilli
- ❖ Salsa

Procedimento

1. Cortar a cebola e colocá-la em uma panela até dourar.

2. Retire a salsicha da tripa, corte-a em pedaços pequenos e coloque-a na panela.

3. Despeje o conhaque e permita que o álcool evapore. Adicione o molho de tomate e deixe o molho engrossar por 10 minutos.

4. Cozinhar o tortiglioni em água com sal. Escorra a massa na panela com o molho e, ao mesmo tempo, adicione o creme. Mexer bem.

5. Prato e acabamento com salsa e um pouco de pimenta-do-reino.

Farfalle com grão-de-bico e funcho selvagem

Preparação: 30 minutos
Dificuldade: fácil

Ingredientes para 4 pessoas:

- 400g de farfalle
- 200g de grão de bico
- 1 cenoura
- 1 cebola
- 50g de funcho selvagem
- 1 taça de vinho
- Uma colher de sopa de chilli
- Pimenta

Procedimento

1. Cortar a cebola e a cenoura e saltear em uma frigideira. Acrescente a pimenta.

2. Despeje o copo de vinho e permita que o álcool evapore.

3. Despeje o grão de bico e cozinhe por cerca de 10 minutos.

4. Em uma panela de água salgada, cozinhe o farfalle.

5. Drenar a massa na frigideira com o grão de bico. Acrescentar o funcho selvagem e cozinhar por 3 minutos.

6. Servir e terminar com um pouco de pimenta.

Spaghetti com queijo gorgonzola e nozes

Preparação: 20 minutos
Dificuldade: fácil

Ingredientes para 4 pessoas:

- ❖ 400g de spaghetti
- ❖ 200g de queijo gorgonzola
- ❖ 100g de queijo taleggio
- ❖ 1 cebola
- ❖ 8 nozes
- ❖ Pimenta

Procedimento

1. Cortar a cebola e colocá-la em uma panela até dourar.

2. Em uma panela com água salgada, cozinhe o spaghetti.

3. Retire a pele do queijo taleggio, corte-a em pedaços e coloque-a na panela. Deixe por 3 minutos.

4. Coloque o gorgonzola na panela. Deixe ferver até que os queijos estejam misturados e formem um creme.

5. Quebrar as nozes. Mantenha metade deles de lado, a outra metade os desmorona e os coloca na panela.

6. Despeje o spaghetti na panela junto com uma concha cheia de água de cozimento. Polvilhar com pimenta.

7. Servir e guarnecer com as nozes restantes.

Brócolis de paccheri e salsicha

Preparação: 20 minutos
Dificuldade: fácil

Ingredientes para 4 pessoas:

- ❖ 400g de paccheri
- ❖ 150g de brócolis
- ❖ 200g de salsicha
- ❖ 1 colher de sopa de funcho selvagem
- ❖ 1 dente de alho
- ❖ 1 malagueta
- ❖ Queijo Pecorino ralado

Procedimento

1. Coloque os paccheri em bastante água com sal e cozinhe-os por 20 minutos.

2. Em uma panela com bastante óleo, coloque o dente de alho, a pimenta e o funcho selvagem. Após 5 minutos despeje nos brócolis.

3. Retire o alho quando este estiver dourado. Despeje a salsicha esmigalhada e cozinhe por 10 minutos.

4. Esvaziar a massa na panela. Despeje uma concha da água de cozimento e cozinhe por mais 2 minutos.

5. Servir. Polvilhe com queijo pecorino e sirva.

Spaghetti com frutos do mar

Preparação: 30 minutos
Dificuldade: fácil

Ingredientes

- 400g de spaghetti
- 150g de mexilhões
- 150g de amêijoas
- 150g de camarões
- 10gr de salsa
- 1 copo de vinho branco
- 1 dente de alho
- Pimenta

Procedimento

1. Lavar e remover a areia das amêijoas e dos mexilhões.

2. Despeje bastante óleo em uma frigideira, depois frite o alho. Após 5 minutos, retire-o.

3. Coloque os mexilhões e as amêijoas na frigideira com o óleo. Após 5 minutos, despeje o copo de vinho branco.

4. Uma vez abertos os moluscos, coloque também os camarões.

5. Encha um vaso com água e coloque-o no fogão. Quando ferver, despeje no linguado.

6. Quando as linguinas estiverem quase cozidas, despeje-as na panela com o peixe e adicione uma concha cheia da água de cozimento da massa.

7. Quando estiver cozido, polvilhe com pimenta e salsa e sirva.

Bucatini alla carbonara

Preparação: 20 minutos
Dificuldade: fácil

Ingredientes para 4 pessoas:

- ❖ 400g de bacon
- ❖ 100g de queijo pecorino
- ❖ 4 ovos grandes
- ❖ 400g de bucatini
- ❖ Pimenta

Procedimento

1. Corte o bacon em cubos. Colocá-lo em uma panela sem óleo ou manteiga.

2. Rachar os ovos e bater os ovos em uma tigela com um batedor ou garfo de cozinha. Adicione o queijo pecorino e a pimenta e misture. A mistura deve ser espessa.

3. Coloque um pote de água com sal no fogão. Quando ferver, despeje no bucatini.

4. Quando a massa estiver quase cozida, despeje-a na panela junto com uma concha cheia de água de cozimento.

5. Desligue o fogo e despeje o ovo e o queijo pecorino. Se for muito espessa, acrescente outra concha de água de cozimento.

6. Misture bem e sirva com uma moagem generosa de pimenta e mais pecorino.

PRATOS DE CARNE

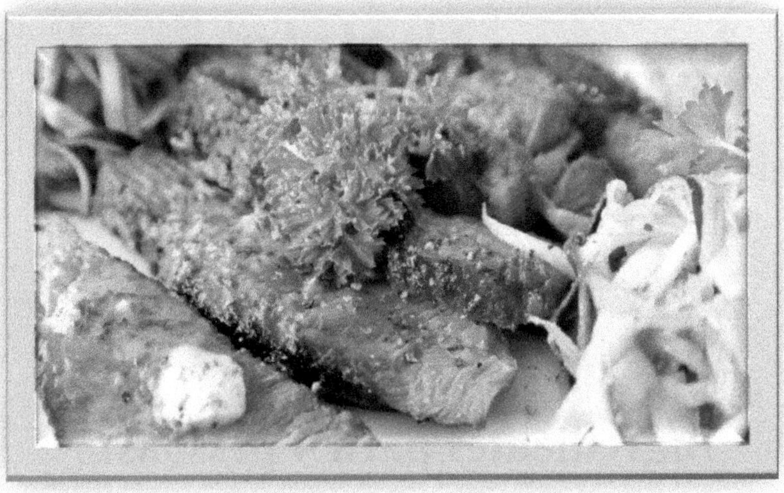

Salsicha, wusterl e batata

Preparação: 30 minutos
Dificuldade: fácil

Ingredientes para 4 pessoas:

- ❖ 400g de salsichas
- ❖ 4 wusterl
- ❖ 200g de batatas
- ❖ 1 ramo de alecrim
- ❖ 100g de bacon
- ❖ Pimenta
- ❖ Paprika

Procedimento

1. Cozinhe as batatas em uma panela de água fervente. Cerca de 10 minutos.

2. Quando estiverem cozidos, deixe-os esfriar. Em seguida, cortá-los em cubos.

3. Em uma frigideira com bastante óleo, dourar o bacon. Quando estiver bem dourado, acrescente o wusterl cortado em rodelas.

4. Adicione as batatas à panela e o raminho de alecrim. Cozinhar por cerca de 15 minutos.

5. Servir e terminar com uma pitada de pimenta e páprica.

Cordeiro em Barolo

Preparação: 10 horas e 40 minutos
Dificuldade: fácil-médio

Ingredientes para 4 pessoas:

- ❖ 4 costeletas de cordeiro
- ❖ 1 litro de Barolo
- ❖ 1 folha de louro
- ❖ Tomilho
- ❖ Alecrim
- ❖ Pimenta
- ❖ Nutmeg
- ❖ 150ml de caldo de legumes
- ❖ 3 cenouras
- ❖ 1 cebola

Procedimento

1. Coloque a carne para marinar: em um prato de forno coloque a carne junto com o tomilho, a folha de louro, a pimenta, o alecrim e metade do vinho Barolo. Coloque-o na geladeira e deixe por 10 horas.

2. Retire o prato da geladeira. Lavar bem o cordeiro e secá-lo.

3. Frite a cebola em uma frigideira com bastante óleo. Adicionar o cordeiro com o alecrim e o tomilho e cozinhar por 10 minutos.

4. Despeje no Barolo e continue cozinhando por 20 minutos.

5. Despeje o caldo de legumes e continue cozinhando por 10 minutos.

6. Em uma frigideira, dourar as cenouras e a cebola. Quando o cordeiro estiver cozido, coloque-o na panela e cozinhe por mais 2 minutos.

7. Servir com uma pitada de pimenta e um pouco de noz-moscada.

Tagliata com aparas parmesão

Preparação: 20 minutos
Dificuldade: fácil

Ingredientes para 4 pessoas:

- ❖ 4 Bifes de Chianina
- ❖ 1 ramo de alecrim
- ❖ 100g de flocos parmesão
- ❖ Chilli
- ❖ tomilho
- ❖ Pimenta

Procedimento

1. Em uma panela com uma garoa de óleo, coloque o chili e o alecrim a gosto.

2. Coloque sal e pimenta em ambos os lados dos bifes, depois coloque-os na frigideira. Cozinhar por 5 minutos ou como desejado.

3. Prato com um pouco da salada. Rale algumas raspas de parmesão sobre os bifes e uma moagem de pimenta.

Tagliata com aparas parmesão

Preparação: 20 minutos
Dificuldade: fácil

Ingredientes para 4 pessoas:

- 4 Bifes de Chianina
- 1 ramo de alecrim
- 100g de flocos parmesão
- Chilli
- tomilho
- Pimenta

Procedimento

4. Em uma panela com uma garoa de óleo, coloque o chili e o alecrim a gosto.

5. Coloque sal e pimenta em ambos os lados dos bifes, depois coloque-os na frigideira. Cozinhar por 5 minutos ou como desejado.

6. Prato com um pouco da salada. Rale algumas raspas de parmesão sobre os bifes e uma moagem de pimenta.

Rolo de carne

Preparação: 1 hora e 30 minutos
Dificuldade: fácil

Ingredientes para 4 pessoas:

- ❖ 800g de carne picada
- ❖ 1 cebola
- ❖ 5 folhas de manjericão
- ❖ 1 taça de vinho tinto
- ❖ 50g de migalhas de pão
- ❖ 100g de molho de tomate
- ❖ 100g de prosciutto
- ❖ 1 cenoura
- ❖ tabasco
- ❖ 3 ovos
- ❖ Salsa
- ❖ Parmesão
- ❖ Pimenta

Procedimento

1. Coloque a carne desfiada em uma tigela, rache os ovos e coloque-os na carne. Acrescentar sal, pimenta e tabasco.

2. Minerar o prosciutto e a cebola. Adicione-os à carne picada junto com a salsa e o queijo parmesão. Misture tudo bem acrescentando, se necessário, um pouco de leite.

3. Criar uma forma alongada com a massa, a típica forma de rolo de carne.

4. Em uma panela com bastante óleo, coloque a cenoura picada, o alho e o manjericão e frite-os.

5. Coloque o rolo de carne na frigideira. Cozinhe bem de ambos os lados, depois derrame o vinho e cozinhe por mais 10 minutos.

6. Despeje o molho de tomate, mais pimenta e sal. Cozinhar por 45 minutos. Em seguida, cortar em fatias e servir.

Bode no vinho branco

Preparação: 20 minutos
Dificuldade: fácil

Ingredientes para 4 pessoas:

- ❖ 800g de bode
- ❖ 2 cebolas
- ❖ 5 folhas de manjericão
- ❖ 4 taças de vinho branco
- ❖ Molho Worcester
- ❖ Salsa
- ❖ 1 folha de louro
- ❖ 1 ramo de alecrim
- ❖ tabasco
- ❖ 1 folha de sálvia
- ❖ Parmesão
- ❖ Pimenta

Procedimento

1. Para marinar a carne, despeje o alho, a folha de louro, a salva, a salsa e o molho Worchester em uma tigela. Misture, coloque a carne dentro dela e deixe marinar por 5 horas.

2. Retirar a bode da geladeira, limpá-la e lavá-la. Colocá-lo em uma panela com óleo e cebola e cozinhá-lo por 5 minutos.

3. Adicione as cenouras fatiadas, coloque uma tampa e deixe cozinhar em fogo brando por 20 minutos.

4. Abra a tampa, despeje o vinho, tabasco e alecrim. Misture bem os ingredientes, volte a colocar a tampa e cozinhe por 45 minutos.

5. Servir com o queijo parmesão e a salsa.

Sela de veado e couve-lombarda

Preparação: 30 minutos
Dificuldade: fácil

Ingredientes para 4 pessoas:

- 800g de Sela de veado
- 1 dente de alho
- Um raminho de tomilho
- Um ramo de alecrim
- 1 folha de sálvia
- 8 folhas de repolho
- pimenta

Procedimento

1. Despeje meio litro de água em uma tigela e um pouco de sal grosso. Coloque a sela do veado e deixe-o marinar por 1 hora.

2. Picar o ramo de tomilho, alecrim e sálvia.

3. Retire a carne da água, enxágüe-a e coloque-a sobre uma folha de alumínio. Cubra com as ervas picadas e sele a folha de alumínio. A carne deve ser bem selada dentro da folha de alumínio.

4. Colocar a carne no forno e assá-la por 40 minutos a 95 graus.

5. Em uma panela com bastante óleo, coloque o dente de alho e doure-o. Após 5 minutos, retire-o e adicione a couve-lombarda. Cozinhe-o por 3 minutos.

6. Retirar o repolho e colocá-lo em um prato. Retire a carne do forno e coloque-a na panela, cozinhando-a por mais 10 minutos.

7. Servir com uma pitada de pimenta.

Escalopes de peru

Preparação: 30 minutos
Dificuldade: fácil

Ingredientes para 4 pessoas:

- 4 escalopes de peru
- 40g de manteiga
- 1 dente de alho
- 1 copo de vinho branco
- 20g de farinha 00
- 50g de queijo fontina
- 8 folhas de sálvia
- Paprika
- pimenta

Procedimento

1. Em uma frigideira, coloque a manteiga e o dente de alho para dourar. Quando estiver marrom dourado, remova-o.

2. Dredar a carne em farinha, depois colocá-la na panela e cozinhar por 5 minutos.

3. Coloque o vinho branco e deixe o álcool evaporar. Colocar a salva, colocar a tampa e cozinhar por 10 minutos.

4. Puxe a tampa para fora. Adicione o queijo fontina picado à carne. Cozinhar por 10 minutos.

5. Coloque páprica em cima e sirva.

Caçarola de frango

Preparação: 40 minutos
Dificuldade: fácil

Ingredientes para 4 pessoas:

- ❖ 400g de frango
- ❖ 400g de batatas
- ❖ 1 dente de alho
- ❖ Alcaparras de 10g
- ❖ 20g de azeitonas verdes
- ❖ Manjerona
- ❖ Caril
- ❖ Rosemary
- ❖ pimenta

Procedimento

1. Corte o frango em pedaços do tamanho desejado. Coloque-o em uma tigela junto com o alho, manjerona, caril em pó e pimenta e deixe-o marinar por 30 minutos.

2. Em uma panela com bastante óleo, marrom um dente de alho. Adicione as batatas cortadas em cubos e cozinhe por 10 minutos. Acrescente o alecrim.

3. Acrescente o frango à panela. Despeje o líquido da marinada, adicione mais especiarias e cozinhe por 25 minutos.

4. Adicione as azeitonas e as alcaparras. Cozinhe por mais 5 minutos e sirva.

Frango com cerveja e bacon

Preparação: 50 minutos
Dificuldade: fácil

Ingredientes para 4 pessoas:

- 800g de frango
- 4 cebolas
- 1 dente de alho
- 4 folhas de louro
- 40g de manteiga
- 1 litro de cerveja
- 50g de bacon
- 1 ramo de alecrim
- pimenta

Procedimento

1. Corte a cebola e corte o bacon em cubos. Frite-os em uma frigideira com manteiga.

2. Corte o frango em pedaços do tamanho desejado. Colocar em outra panela com o óleo e as ervas. Cozinhar por 20 minutos.

3. Despeje o bacon e as cebolas na frigideira com o frango. Cozinhe por 5 minutos, depois derrame a cerveja e coloque uma tampa. Cozinhar por 20 minutos.

4. Quando a cerveja tiver evaporado, retire a tampa e sirva com um moinho de pimenta.

Torta de frango e batata

Preparação: 60 minutos
Dificuldade: fácil

Ingredientes para 4 pessoas:

- ❖ 800g de frango
- ❖ 400g de batatas
- ❖ 1 ovo
- ❖ 100g de queijo parmesão
- ❖ 100g de queijo provolone
- ❖ 1 dente de alho
- ❖ 4 folhas de louro
- ❖ 1 ramo de alecrim
- ❖ pimenta

Procedimento

1. Cozinhar as batatas durante 30 minutos em uma panela com bastante água salgada.

2. Em uma panela com bastante óleo, cozinhe o frango por 30 minutos com a folha de louro e meio litro de água.

3. Pegue um prato de forno, espalhe um pouco de manteiga no fundo e coloque o frango dentro dele. Colocar o alecrim picado e a pimenta.

4. Amassar as batatas com um espremedor de batatas e colocá-las em uma tigela. Quebre o ovo, rale o queijo parmesão e misture bem.

5. Fatie o queijo provolone e coloque-o em cima do frango, fazendo uma camada alternada entre frango e queijo. Na última camada, espalhar o purê de ovos e batatas.

6. Cozer no forno a 180 graus por 30 minutos.

Cordeiro grelhado

Preparação: 40 minutos
Dificuldade: fácil

Ingredientes para 4 pessoas:

- ❖ 8 costeletas de cordeiro
- ❖ 1 dente de alho
- ❖ 1 ramo de alecrim
- ❖ pimenta

Procedimento

1. Despeje óleo, sal, pimenta e alecrim picado em uma tigela. Mergulhe as costelas nele, cubra com um pano e deixe-as temperar por meia hora.

2. Retire-os e coloque-os em uma frigideira. Cozinhar por 3 minutos em cada lado.

3. Servir com um moinho de pimenta.

PRATOS DE PEIXES

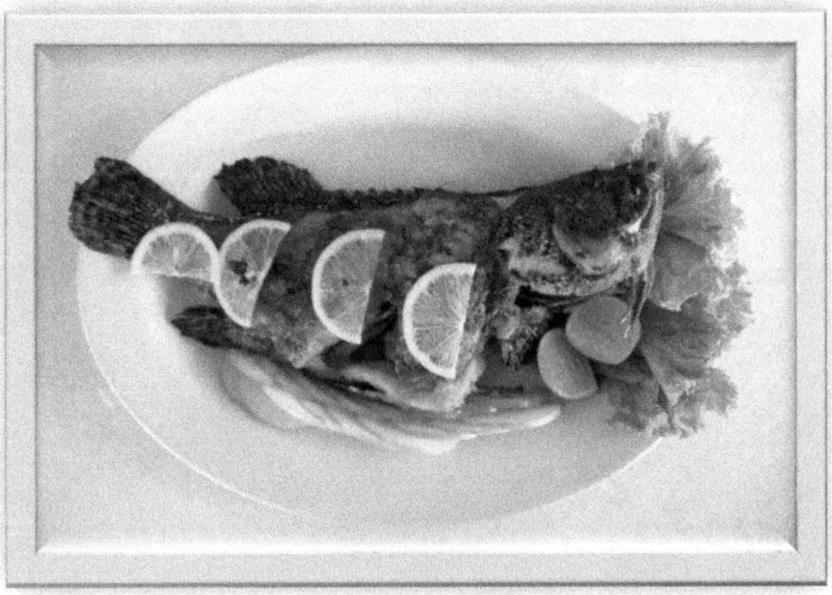

Robalo assado

Preparação: 40 minutos
Dificuldade: fácil

Ingredientes para 4 pessoas:

- ❖ 1 robalo de 1kg
- ❖ 1 copo de vinho branco
- ❖ 2 dentes de alho
- ❖ 1 folha de louro
- ❖ 1 ramo de alecrim
- ❖ Pimenta
- ❖ Tomilho
- ❖ Manjerona

Procedimento

1. Lavar cuidadosamente o robalo.

2. Faça um corte na lateral do peixe e insira um ramo de alecrim, o alho e uma folha de louro.

3. Colocar o robalo em um prato à prova de forno. Despeje um pouco de azeite de oliva, até encher o fundo, depois tempere com sal, pimenta, manjerona e tomilho.

4. Despeje o vinho branco e deixe o peixe descansar por 15 minutos. Em seguida, cozer a 170 graus por 30 minutos.

5. Coloque-o em uma bandeja, retire os ossos e sirva-o.

Sopa de peixe

Preparação: 40 minutos
Dificuldade: fácil-médio

Ingredientes para 4 pessoas:

- ❖ 8 camarões
- ❖ 4 tainhas
- ❖ 1kg de mexilhões
- ❖ 1 tamboril
- ❖ 1 aipo
- ❖ 1 cenoura
- ❖ 1 cebola
- ❖ 1 copo de vinho branco
- ❖ 400g de molho de tomate
- ❖ Pimenta
- ❖ salsinha

Procedimento

1. Limpar o peixe. Remover as tripas da tainha e do tamboril e, em seguida, remover os ossos. Remover as cabeças e conchas dos camarões.

2. Cortar aipo, cenoura e cebola em pequenos pedaços. Despeje 1 litro de água, pimenta e o desperdício de peixe. Cozinhar por 2 horas.

3. Lavar e limpar os mexilhões. Em uma panela com bastante óleo colocar um dente de alho e os mexilhões. Cobrir e cozinhar por 5 minutos até que todos os mexilhões tenham aberto.

4. Esfregue o caldo e coloque-o em uma panela. Acrescente o molho de tomate, a água de cozimento dos mexilhões e o tamboril. Cozinhar por 10 minutos.

5. Despeje a tainha vermelha e os camarões. Cozinhe por mais 10 minutos.

6. Finalmente, despeje os mexilhões e cozinhe por 5 minutos.

7. Desligue o calor, deixe-o descansar por um minuto. Polvilhe com salsa e pimenta e sirva à mesa.

Pimentadas com mexilhões

Preparação: 10 minutos
Dificuldade: fácil

Ingredientes para 4 pessoas:

- ❖ 1kg de mexilhões
- ❖ 1 limão
- ❖ Salsa
- ❖ pimenta

Procedimento

1. Limpar os mexilhões.

2. Colocar os mexilhões em uma panela, dar um moinho de pimenta preta e cozinhar por 8 minutos.

3. Descarte os mexilhões que não tenham aberto. Polvilhe os outros com salsa, suco de limão e uma moagem adicional de pimenta.

Anchovas gratinado

Preparação: 40 minutos
Dificuldade: fácil

Ingredientes para 4 pessoas:

- ❖ 400gr de anchovas
- ❖ 100g de farinha de rosca
- ❖ Salsa
- ❖ Pimenta
- ❖ 2 dentes de alho
- ❖ orégano

Procedimento

1. Limpar as anchovas. Retirar os ossos e a cauda.

2. Pegue uma forma de bolo. Encha-o com óleo e organize as anchovas em círculo.

3. Polvilhe a salsa, os orégãos, o alho picado e o pão ralado sobre as anchovas.

4. Cozer a 200 graus por 10 minutos.

Fritos de peixe

Preparação: 20 minutos
Dificuldade: fácil

Ingredientes para 4 pessoas:

- 400g de peixe pequeno
- 200g de farinha 00
- 10g de fermento cervejeiro
- Óleo de amendoim
- pimenta

Procedimento

1. Prepare a massa misturando a levedura, a farinha, meio litro de água e o sal. O resultado deve ser uma mistura pegajosa.

2. Cobrir com um pano e deixar subir por 1 hora. Ela deve dobrar seu volume.

3. Despeje o peixe pequeno na mistura. Mexer bem.

4. Em uma frigideira com bastante óleo quente, coloque uma colher cheia de massa. Frite-o por dois minutos. Repita com o resto da massa.

5. Coloque panquecas em um prato coberto com uma folha de toalhas de papel. Deixar de pé por 10 minutos e servir.

Polvo e salada de batata

Preparação: 60 minutos
Dificuldade: fácil

Ingredientes para 4 pessoas:

- ❖ 1kg de polvo
- ❖ 4 folhas de louro
- ❖ 1kg de batatas
- ❖ Suco de limão
- ❖ Tomilho
- ❖ pimenta

Procedimento

1. Lave as batatas e coloque-as em uma panela com água fervente. Cozinhe-os por 30 minutos.

2. Limpe o polvo, enxágüe-o e remova os olhos.

3. Em uma panela despeje a água e as folhas do louro. Quando ferver, mergulhe os tentáculos do polvo por alguns segundos. Repita o procedimento até que os tentáculos de polvo sejam enrolados.

4. Mergulhe o polvo na água fervente, cubra a panela com a tampa e cozinhe por 45 minutos.

5. Drenar as batatas, remover a pele e cortá-las em pedaços. Vestir com óleo, sal e pimenta.

6. Tire o polvo da água, deixe-o esfriar por alguns minutos e depois corte-o em pedaços a partir dos tentáculos.

7. Em uma tigela de sopa, misture as batatas e o polvo. Adicione mais óleo, suco de limão e tomilho. Servir quente.

Filetes de robalo com limão

Preparação: 30 minutos
Dificuldade: fácil

Ingredientes para 4 pessoas:

- ❖ 8 filetes de robalo
- ❖ 1 limão
- ❖ 1 dente de alho
- ❖ 1 copo de vinho branco
- ❖ 50g de farinha 00
- ❖ Salsa

Procedimento

1. Farinha os filetes de robalo.

2. Marrom o dente de alho em uma frigideira com o óleo. Retire-o quando estiver marrom dourado.

3. Cozinhar os filetes de robalo durante 2 minutos por lado. Espremer o limão e cozinhar por mais 5 minutos.

4. Retire o peixe da frigideira. Despeje o vinho branco e deixe o álcool evaporar.

5. Despeje o molho de limão sobre o peixe. Polvilhar com salsa e servir.

Polvo e grão-de-bico

Preparação: 40 minutos
Dificuldade: fácil

Ingredientes para 4 pessoas:

- ❖ 1 kg de polvo
- ❖ 500g de grão de bico
- ❖ 1 chalota
- ❖ 1 cenoura
- ❖ 50 gramas de azeitonas pretas
- ❖ 1 copo de vinho branco
- ❖ Funcho selvagem

Procedimento

1. Lavar e limpar bem o polvo.

2. Frite a cenoura e a chalota em uma frigideira com bastante óleo.

3. Acrescente o polvo. Cozinhar por 5 minutos, depois despejar o grão de bico.

4. Despeje o vinho branco e permita que o álcool evapore. Adicione as azeitonas pretas, cubra com uma tampa e cozinhe por 30 minutos.

5. Servir com um pouco de funcho selvagem.

SOBREMESA

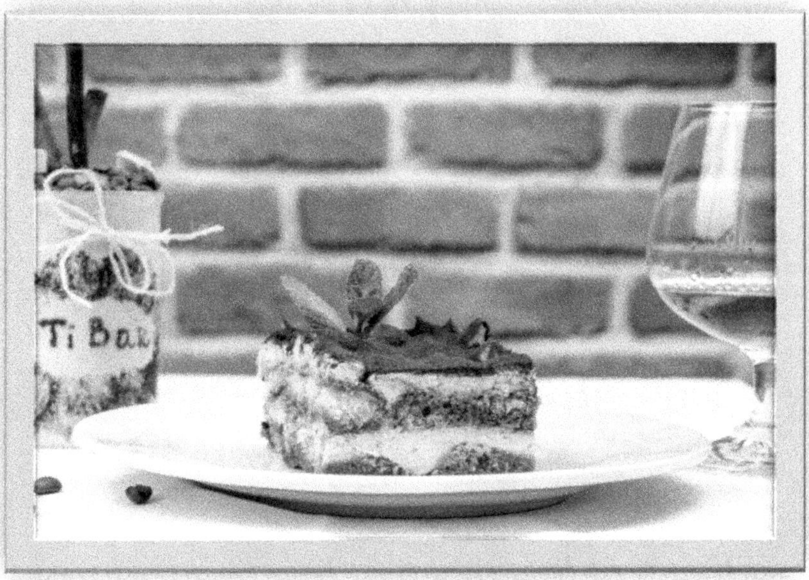

Coito de morango panna

Preparação: 1 hora e 40 minutos
Dificuldade: fácil

Ingredientes para 4 pessoas:

- ❖ 500ml de creme
- ❖ 100ml de leite
- ❖ 400g de morangos
- ❖ 100g de açúcar mascavo
- ❖ 4 folhas de gelatina

Procedimento

1. Lave os morangos, remova a parte superior e deixe-os secar. Misture-os com um liquidificador.

2. Despeje o leite, o creme e o açúcar em uma pequena panela. Mexer bem. Ferva em fogo brando até ferver.

3. Adicione as folhas de gelatina e os morangos misturados. Misture bem.

4. Pegue alguns moldes da forma que preferir, despeje o creme neles e deixe-os esfriar por 30 minutos. Em seguida, coloque-os na geladeira por 1 hora.

5. Retire a panela cotta dos moldes e sirva com morangos frescos.

Tiramisu

Preparação: 45 minutos
Dificuldade: fácil

Ingredientes para 4 pessoas:

- ❖ 8 ovos
- ❖ 100g de açúcar mascavo
- ❖ 400g de queijo mascarpone
- ❖ 400g de biscoitos savoiardi
- ❖ 4 xícaras de café
- ❖ 50g de cacau

Procedimento

1. Quebrar os ovos. Separar as gemas dos brancos. Misture as gemas com o açúcar até obter uma espuma macia.

2. Acrescente o mascarpone à mistura. Misture bem.

3. Em outro recipiente, bata as claras de ovo até ficarem firmes. Adicione as gemas com o açúcar um pouco de cada vez, continuando a misturar.

4. Mergulhe as biscotois em café amargo de ambas as pontas.

5. Pegue uma assadeira. Faça uma camada de creme no fundo e organize as biscotois horizontalmente. Em seguida, cubra com o creme e coloque uma segunda camada de biscotois. Terminar com o creme em cima.

6. Refrigerar por 2 horas. Polvilhe um pouco de cacau em pó não adoçado antes de servir.

O bolo da vovó

Preparação: 1 hora e 20 minutos
Dificuldade: fácil-médio

Ingredientes para 4 pessoas:

- ❖ 8 ovos
- ❖ 400g de farinha 00
- ❖ 150g de açúcar mascavo
- ❖ 200g de manteiga
- ❖ 1 limão
- ❖ 1 litro de leite
- ❖ 30g de farinha de milho
- ❖ Açúcar de confeiteiro

Procedimento

1. Coloque a farinha e a manteiga em um liquidificador, corra por alguns segundos e crie uma mistura arenosa.

2. Vire a mistura para fora em uma tábua de corte. Faça um buraco no centro e adicione o açúcar, 4 ovos e raspas de limão. Misture bem, crie um pão e cubra com um envoltório plástico. Coloque-o na geladeira por 20 minutos.

3. Coloque o leite em uma pequena panela, raspas de limão, e deixe aquecer por 10 minutos.

4. Em uma tigela, quebrar os outros 4 ovos, adicionar o açúcar e misturar bem. Quando a mistura for uniforme, acrescente a farinha e o amido de milho.

5. Retirar a raspa de limão da panela e adicionar a mistura de ovos. Continuar a cozinhar por 10 minutos até engrossar, mexendo constantemente.

6. Despeje o creme em um prato à prova de forno e cubra com papel alumínio.

7. Pegue o pão da geladeira, enrole-o com um rolo e coloque-o em um molde. Faça as bordas do bolo aderirem bem ao molde. Despeje o creme por cima e feche.

8. Cozer a 180 graus durante 1 hora. Retirar do forno e polvilhar com açúcar em pó.

Baci di dama

Preparação: 2 horas e 20 minutos
Dificuldade: fácil-médio

Ingredientes para 4 pessoas:

- ❖ 200g de manteiga
- ❖ 400g de farinha de amêndoa
- ❖ 250g de açúcar mascavo
- ❖ 2 ovos
- ❖ 400g de farinha 00
- ❖ 1 casca de limão
- ❖ 400g de chocolate preto

Procedimento

1. Em uma batedeira planetária, coloque a manteiga em pedaços e o açúcar mascavo. Ligue-o e execute-o por alguns minutos.

2. Colocar a farinha de amêndoa, sal, claras de ovo e colocar novamente a batedeira planetária a funcionar.

3. Adicione a farinha e deixe-a absorver. Em seguida, incline a mistura sobre uma superfície de trabalho. Colocar uma camada de farinha em cima. Embrulhe-o em filme plástico e leve à refrigeração por 2 horas.

4. Colocar a massa sobre uma superfície de trabalho. Estenda a massa com um rolo de massa até ficar muito fina.

5. Corte de tiras em ambas as direções. Enrole os cubos em uma mão e coloque-os em uma assadeira.

6. Cozer no forno a 180 graus por 15 minutos. Retire-os do forno, deixe-os esfriar e coloque um pouco de chocolate em cima das meias bolas. Feche-os e deixe-os esfriar por 5 minutos.

Bolo de Sbrisolona

Preparação: 50 minutos
Dificuldade: fácil

Ingredientes para 4 pessoas:

- 200g de farinha 00
- 200g de farinha de amêndoa
- 200g de farinha de milho
- 2 ovos
- 300g de manteiga
- 150g de açúcar
- 40g de amêndoas
- Levedura
- Rum
- Vagem de baunilha

Procedimento

1. Colocar as farinhas em uma superfície de trabalho. Faça um poço no centro e adicione a manteiga, sal, ovos e açúcar. Ajoelhe-se com as mãos.

2. Despeje o rum e as amêndoas picadas. Continue mexendo, depois acrescente o feijão de baunilha.

3. Embrulhe a massa com filme plástico e leve à geladeira por 4 horas.

4. Retire a massa do refrigerador. Pegue uma grade de arame com furos quadrados e esmague a massa sobre ela. Transfira as migalhas grandes para um molde circular e espalhe-as sem esmagá-las.

5. Cozer no forno a 200 graus por 30 minutos. Terminar com amêndoas em cima.

Biancomangiare

Preparação: 50 minutos
Dificuldade: fácil

Ingredientes para 4 pessoas:

- ❖ 400 ml de leite
- ❖ 250 gr de farinha de amêndoa
- ❖ 100 gr de açúcar
- ❖ 100 ml de creme de leite batido
- ❖ 8 gr de isinglass
- ❖ 1 fava de baunilha
- ❖ 1 limão
- ❖ 10 amêndoas

Procedimento

1. Bater juntos o açúcar e a farinha de amêndoa. Coloque-os em uma tigela, despeje o leite, o feijão de baunilha e a raspa de limão. Cobrir com folha de alumínio e refrigerar durante a noite.

2. Coloque o isinglass na água e deixe-o amolecer, depois aperte-o para fora.

3. Tensionar a mistura de leite e amêndoas. Coloque o líquido resultante em uma pequena panela e aqueça-a com o isinglass por 5 minutos. Coloque o creme de leite batido por cima.

4. Despeje o creme em 4 moldes e leve à geladeira por 5 horas. Retire-as e polvilhe amêndoas picadas em cima.

Torta de maçã

Preparação: 50 minutos
Dificuldade: fácil

Ingredientes para 4 pessoas:

- ❖ 400 gr de farinha 00
- ❖ 200 gr de manteiga
- ❖ 200 gr de açúcar
- ❖ 4 ovos
- ❖ 1 limão
- ❖ 500g de maçãs
- ❖ 70 gr de passas de uva
- ❖ 10 biscoitos secos
- ❖ 50 ml de Brandy
- ❖ Canela em pó
- ❖ açúcar de confeiteiro

Procedimento

1. Coloque a manteiga, ovos, açúcar, raspas de limão e sal no meio da farinha. Misture com suas mãos até ficar macio e suave.

2. Embrulhe a massa em filme plástico e leve à refrigeração por pelo menos 2 horas.

3. Descasque as maçãs e corte-as em fatias. Forme camadas com as fatias de maçã em uma tigela, depois coloque o açúcar, passas, brandy e canela em cima. Cobrir com folha de alumínio e deixar descansar por 1 hora.

4. Polvilhe uma bandeja de cozimento com manteiga. Estenda a massa e cubra bem o molde. Furar com um garfo no fundo.

5. Polvilhe o fundo com os biscoitos amassados. Cubra a torta com tiras de pastelaria trançada.

6. Cozer a torta no forno por 45 minutos a 180 graus. Retire, deixe esfriar e polvilhe com açúcar de confeiteiro.

Maritozzo com creme

Preparação: 50 minutos
Dificuldade: fácil

Ingredientes para 4 pessoas:

- ❖ 400 gr de farinha de manitoba
- ❖ 50ml de leite
- ❖ 200 gr de açúcar
- ❖ 10g de fermento cervejeiro
- ❖ 2 ovos
- ❖ 1 laranja
- ❖ 50g de creme de leite batido

Procedimento

1. Em uma tigela colocar o leite, o açúcar, os ovos e a farinha.

2. Adicione o fermento em pó e uma casca de laranja. Misture bem para fazer uma mistura suave e suave.

3. Deixe a massa subir por 3 horas. Em seguida, criar rolos e deixá-los subir por mais 40 minutos.

4. Pincele os pães com leite e asse-os no forno a 180 graus por 20 minutos. Em seguida, coloque o chantilly em cima e sirva.